AF456672

Atelier F.-H. GIACOMOTTI

TABLEAUX

DESSINS

Vente après décès

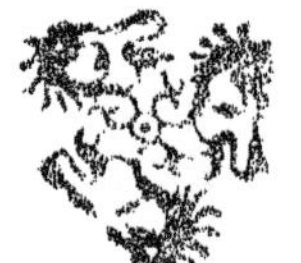

CATALOGUE

DES

TABLEAUX

ET

DESSINS

COMPOSANT

l'Atelier F.-H. GIACOMOTTI

ET DONT LA VENTE AUX ENCHÈRES PUBLIQUES

APRÈS DÉCÈS

AURA LIEU

HOTEL DROUOT, SALLE N° 6

Le Jeudi 17 Mars 1910

à 2 heures

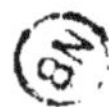

Mᵉ LAIR-DUBREUIL	**M. GEORGES PETIT**
COMMISSAIRE-PRISEUR	EXPERT
6, rue Favart, 6	8, rue de Sèze, 8

EXPOSITION PUBLIQUE

Le Mercredi 16 Mars 1910, de 2 heures à 6 heures.

CONDITIONS DE LA VENTE

Elle sera faite au comptant.

Les acquéreurs paieront *dix pour cent* en sus des enchères.

Paris. — Imp. Georges Petit, 12, rue Godot-de-Mauroi. - 20476-10.

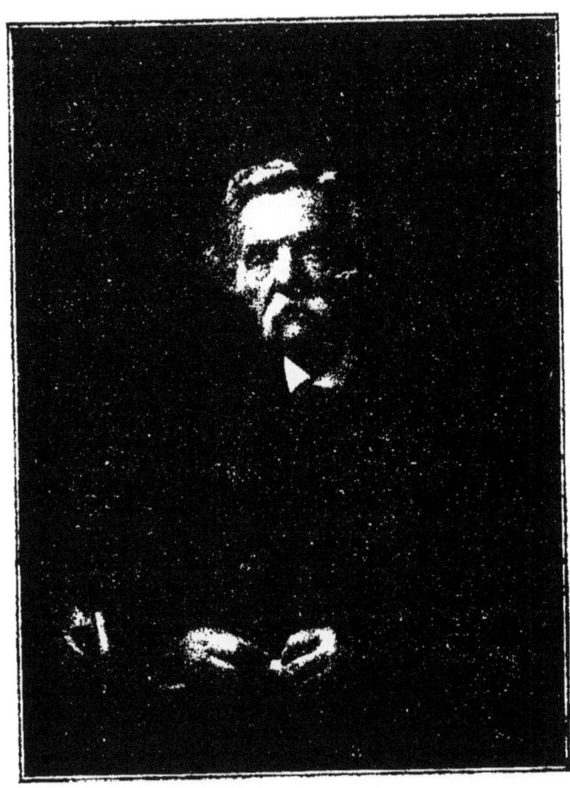

FÉLIX-HENRI GIACOMOTTI

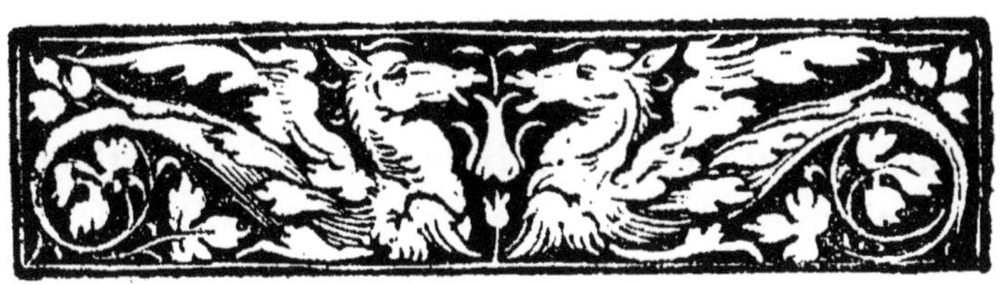

Félix-Henri Giacomotti

SA VIE, SON ŒUVRE

Il faut embrasser d'un seul regard toute l'existence du maître Félix-Henri Giacomotti pour en pouvoir sainement apprécier la noblesse et estimer, à son juste mérite, l'extrême puissance créatrice et la variété d'inspiration qui sont les caractéristiques de son talent.

Giacomotti naquit à Guingey, dans le Doubs, en 1828. Il était d'origine italienne — il se fit naturaliser Français à 21 ans — et demeura toujours profondément attaché à ce coin de terre, où il s'était retiré depuis de longues années, ne venant plus guère à Paris, assez insouciant d'un mouvement artistique qui ne répondait plus à son idéal.

Paris, cependant, avait vu sa jeunesse et ses triomphes. Il y fit ses études à l'École des Beaux-Arts, où il eut Picot comme professeur. En 1851, il obtint le second grand prix de peinture et, en 1854, le premier grand prix. Il se rendit alors à Rome, où son jeune talent se fortifia par l'étude des classiques de la grande époque italienne.

Ses débuts au Salon datent de 1859. Il y donna deux très beaux portraits qui témoignèrent, dès cette époque, la possession indiscutable d'une réelle maitrise et de ce don inappréciable qui est le style et qui résume l'élégance des formes et la puissance du modelé.

On peut répartir assez difficilement les toiles de M. Giacomotti, sous quelques rubriques générales, étant donné la multiplicité des genres en lesquels il excella.

Portraitiste, il le fut avant tout, et sans vouloir m'attacher ici à citer toutes les belles toiles de ce genre qu'il donna aux divers Salons, je reproduirai simplement cette phrase de la critique qu'en fit M. Louis Auvray, directeur de la *Revue Artistique*, dans son compte rendu du Salon de Paris de 1868.

« La peinture de M. Giacomotti, dit-il, est large et bien touchée. Elle est aussi sans recherches inutiles et c'est là le trait dominant de cet artiste, si vite arrivé au succès. Les deux portraits qu'il expose sont d'un coloris très vrai et tout aussi séduisants par la richesse et l'harmonie des tons, la grâce et le naturel des poses, que par le goût de l'agencement et la finesse d'exécution des détails... »

Parmi les toiles qui figurent au présent catalogue,

on ne trouve guère de portraits proprement dits, mais ne sont-ce pas, en fait, de véritables portraits que ces têtes de femmes, qui constituent le sujet principal, pour ne pas dire unique, de certains tableaux ? Voyez une *Visite dans le parc en 1770* (n° 3), dont le succès fut si vif au Salon de 1908 ; voyez les jolies têtes d'Italiennes dont Giacomotti fut toujours l'interprète quasi-officiel. Ce sont réellement-là des portraits très étudiés, très finis, très fouillés et dignes du pinceau des spécialistes les plus renommés.

F.-H. Giacomotti a laissé dans les genres les plus divers des œuvres très remarquables. Peintre d'histoire, peintre religieux, il a excellé à rendre les amples mouvements de la foule animée — comme une mer. Ses tableaux du *Pape Pie V proclamant la victoire de Lepante*, de *Mgr de Belzunce et la peste de Marseille*, ses plafonds de *la Gloire de Rubens*, dont ce catalogue comporte des projets très exacts, sont autant de testimoniaux éloquents de sa virtuosité en ce genre...

Il fut aussi le plus délicat des peintres du nu féminin. La collection actuelle en comporte quelques exemples d'une beauté achevée. Je ne sais rien de plus exquis que *Nymphe et Satyre* (n° 46) et certaines autres toiles telles que *Jeune femme nue à la fontaine*, *Suzanne au bain*, etc., etc. Rappelez-vous aussi une toile qui figura au Salon de 1884 et y remporta le plus franc succès. C'était une *Innocence* d'une pureté de dessin impeccable, mais puisamment et nerveusement étudiée. Sous la transparence blonde et nacrée des chairs, on devinait un squelette solide et ferme. La timide enfant, qui essayait le fer aiguisé d'une flèche sur le bout de son doigt, était réellement une femme, non une délicate apparition fantômatique et chlorotique.

Il me faudrait des pages et des pages pour étudier ici, avec toute l'importance qu'elle mériterait, l'œuvre du maître. Les proportions fatalement limitées de cette préface m'interdisent, hélas, d'entreprendre cette tâche; mais, avant de conclure, je voudrais ici répondre à une objection possible, relative à la technique de Giacomotti.

Peut-on dire que son faire ne répond plus au goût moderne et que l'art ait évolué depuis lui ?

Poser la question, c'est la résoudre ! Le maître lui-même confessait aisément, dans les dernières années de sa vie, qu'il comprenait mal certaines productions de jeunes. J'ajouterai qu'il y avait dans cette déclaration plus d'étonnement que de regret et que jamais il ne songea à sacrifier sa technique au goût du jour. Il fut de ceux qui toujours firent passer le souci de bien faire avant le souci de plaire. Il n'a jamais cherché les chemins tout frayés, exempts d'obstacles, et ce ne sera pas le moindre titre de gloire de Giacomotti d'avoir, jusqu'au bout, malgré l'âge, livré le bon combat pour le maintien des saines traditions de l'art français.

Mais, au surplus, il fait partie de cette élite de peintres qui sont de tous les temps et sur lesquels la mode n'a guère d'influence en raison de leur classicisme même. Les écoles qui prennent pour tremplin des réformes aux règles anciennes ont leur heure et se détrônent les unes les autres. Mais l'art classique a résisté à d'autres tourmentes et en est sorti vainqueur. On pourrait lui appliquer la devise de la Ville de Paris : « *Fluctuat, nec mergitur* », et les maîtres comme Giacomotti, qui n'ont point cherché ailleurs le secret de leur « faire » harmonieux, sont toujours assurés de ne jamais voir disparaître leur vogue.

M. Boucheny de Grandval.

DÉSIGNATION

TABLEAUX

1 — *Madeleine en prières.*

Signé à droite, en bas.

Toile. Haut., 73 cent.; larg., 60 cent.

2 — *Marchande de fleurs.*

Signé à gauche.

Toile. Haut., 93 cent.; larg., 66 cent.

Salon de 1903.

3 — *Jeune femme.*

Signé à droite.

Toile. Haut., 92 cent.; larg., 74 cent.

Salon de 1908.

4 — *Le Pape Pie V proclamant la victoire de Lépante.*

Signé à droite.

Toile de forme cintrée en haut.

Haut., 1 m. 17; larg., 73 cent.

Salon de 1907.

5 — *Mendiante italienne à Sonino.*

Signé à droite.

Toile. Haut., 1 mètre; larg., 82 cent.

6 — *Jeunesse.*

Toile. Haut., 1 m. 17; larg., 90 cent.

7 — *Italienne dessinant.*

Signé à gauche.

Toile. Haut., 1 m. 32 ; larg., 99 cent.

8 — *Jeune Chinoise.*

Toile. Haut., 54 cent.; larg., 46 cent.

9 — *Les Malheurs de la guerre,* d'après RUBENS (Palais Pitti, Florence).

Signé au dos et daté : *1856.*

Toile. Haut., 37 cent.; larg., 59 cent.

10 — *Le Miracle de saint Marc*, d'après TINTORET (Venise).

Signé au dos.

Toile. Haut., 45 cent.; larg., 57 cent.

11-13 — *Trois projets pour le plafond de l'Observatoire de Paris*, esquisses.

Signé à droite, en bas.

Toile de forme ronde.

Diam., 55 cent.

14 — *La Gloire de Rubens*, esquisse pour un plafond du musée du Luxembourg.

Toile. Haut., 73 cent.; larg., 34 cent.

15 — *A la source.*

Toile. Haut., 46 cent.; larg., 30 cent.

16 — *Printemps.*

Toile. Haut., 33 cent.; larg., 25 cent.

17 — *Jeune fille.*

Signé à gauche, en haut.

Toile. Haut., 35 cent.; larg., 27 cent.

18 — *Jeune fille blonde.*

Signé à gauche, en haut, des initiales.

Toile. Haut., 35 cent.; larg., 27 cent.

19 — *Paysage d'Asti.*

Toile. Haut., 30 cent.; larg., 43 cent.

20 — *Étude faite aux environs de Rome.*

Toile. Haut., 33 cent.; larg., 46 cent.

21 — *Baptême du Christ*, d'après VÉRONÈSE.

Toile. Haut., 43 cent.; larg., 32 cent.

22 — *Tête de Christ.*

Signé à gauche, en haut.

Toile. Haut., 46 cent.; larg., 37 cent.

23 — *Le Repos du modèle.*

Signé à droite, en bas, des initiales.

Toile. Haut., 45 cent.; larg., 37 cent.

24 — *Capucin en prière.*

Fragment de fresque.

Signé à gauche, en bas.

Toile. Haut., 46 cent.; larg., 37 cent.

25 — *Esquisse pour une décoration.*

Haut., 19 cent.; larg., 24 cent.

26 — *Cavalier arabe.*

Signé à droite des initiales.

Toile. Haut., 27 cent.; larg., 22 cent.

27 — *Henri IV et Marie de Médicis,* d'après Rubens.

Toile. Haut., 40 cent.; larg., 32 cent.

28 — *Le Déjeuner sur l'herbe.*

Toile. Haut., 24 cent.; larg., 33 cent.

29 — *L'Écu de France*, d'après Isabey.

Toile. Haut., 35 cent.; larg., 27 cent.

30 — *Vénus désaltérant l'Amour.*

Toile. Haut., 46 cent.; larg., 30 cent.

31 — *Copie d'après Chaplin.*

Toile. Haut., 51 cent.; larg., 33 cent.

32 — *Tête de Vierge,* étude pour l'église Notre-Dame-des-Champs.

Toile. Haut., 46 cent.; larg., 38 cent.

33 — *Jeune fille à la couronne de fleurs.*

Toile. Haut., 40 cent.; larg., 33 cent.

34 — *Le Petit ramoneur.*

Signé à gauche, en bas.

Toile. Haut., 55 cent.; larg., 38 cent.

35 — *Martyre de saint Pierre de Vèrone,* d'après le Titien.

L'original a été incendié au musée de Florence.

Toile. Haut., 72 cent.; larg., 47 cent.

36 — *Agrippine quittant le camp.*

Toile. Haut., 28 cent.; larg., 35 cent.

37 — *Nymphe et satyre.*

Signé à gauche.

Toile. Haut., 84 cent.; larg., 1 m. 44.

38 — *Lady Macbeth.*

Signé à gauche.

Toile. Haut., 1 m. 45; larg., 92 cent.

39 — *Le Modèle devant la glace.*

Toile. Haut., 93 cent.; larg., 60 cent.

40 — *Mgr de Belzunce et les pestiférés de Marseille.*

Copie d'une fresque.

Signé à gauche.

Toile. Haut., 1 m. 17; larg., 73 cent.

41 — *Léda,* esquisse.

Toile. Haut., 1 mètre; larg., 57 cent.

42 — *Enlèvement d'Amymonée.*

Toile. Haut., 87 cent.; larg., 60 cent.

43 — *Vénus, Mercure et l'Amour,* d'après le Corrège (Londres).

Toile. Haut., 37 cent.; larg., 23 cent.

44 — *La Pentecôte*, esquisse pour le tableau de Saint-Étienne-du-Mont.

Signé des initiales, à droite.

Toile. Haut., 40 cent.; larg., 33 cent.

45 — *Étude.*

Toile. Haut., 34 cent.; larg., 43 cent.

46 — *Étude.*

Signé des initiales, à droite.

Toile. Haut., 32 cent.; larg., 45 cent.

47 — *Rêverie.*

Toile. Haut., 45 cent.; larg., 32 cent.

48 — *Amymonée.*

Toile. Haut., 45 cent.; larg., 32 cent.

49 — *Tête de Vierge.*

Signé à gauche, en haut, des initiales.

Toile. Haut., 27 cent.; larg., 22 cent.

50 — *L'Amour et Vénus.*

Toile. Haut., 27 cent.; larg., 19 cent. 1/2.

51 -- *Études.*

Toile. Haut., 22 cent.; larg., 27 cent.

52 — *Tête de Juif.*

Signé des initiales, à gauche.

Panneau. Haut., 27 cent.; larg., 22 cent.

53 — *L'Enfant de chœur.*

Signé à droite, en bas, des initiales.

Toile. Haut., 35 cent.; larg., 24 cent.

54 — *Tête de Juif arabe.*

Toile. Haut., 32 cent.; larg., 24 cent.

55 — *Suzanne au bain.*

Toile. Haut., 32 cent.; larg., 24 cent.

56 — *Tête de Christ.*

Signé à gauche, des initiales.

Toile. Haut., 32 cent.; larg., 24 cent.

57 — *Esquisse pour un portrait.*

Haut., 33 cent.; larg., 25 cent.

58 — *Suzanne au bain.*

Signé à droite, des initiales.

Toile. Haut., 40 cent.; larg., 26 cent.

59 — *Village de Capri (Italie).*

Toile. Haut., 27 cent.; larg., 39 cent.

60 — *Philippe II*, d'après VELAZQUEZ.

Toile. Haut., 37 cent.; larg., 25 cent.

61 — *Junon.*

Signé à droite, des initiales.

Toile. Haut., 35 cent.; larg., 24 cent.

62 — *La Duchesse d'Urbino*, d'après le TITIEN.

Toile. Haut., 35 cent.; larg., 21 cent.

63 — *Vénus,* d'après le Titien.

Toile. Haut., 24 cent.; larg., 36 cent.

64 — *Cavalier,* d'après Alfred de Dreux.
Signé au dos.

Toile. Haut., 16 cent.; larg., 18 cent.

65 — *Almée.*

Toile. Haut., 24 cent.; larg., 19 cent.

66 — *Enfant en costume écossais.*

Toile. Haut., 24 cent.; larg., 19 cent.

67 — *Étude de vieille femme.*

Toile. Haut., 24 cent.; larg., 19 cent.

68 — *L'Étreinte.*

Toile. Haut., 24 cent.; larg., 19 cent.

69 — *Paysage,* d'après Salvator Rosa.

Toile. Haut., 20 cent.; larg., 25 cent.

70 — *Saint Sébastien.*
Signé au dos.

Toile. Haut., 40 cent.; larg., 26 cent.

71 — *Étude à Lariccio.*

Toile. Haut., 29 cent.; larg., 44 cent.

72 — *Étude à Tivoli.*

Toile. Haut., 44 cent.; larg., 29 cent.

73 — *Bacchante.*

Toile. Haut., 30 cent. ; larg., 45 cent.

74 — *Sienne,* étude.

Toile. Haut., 32 cent.; larg., 48 cent.

75 — *La Peinture.*

Fragment du plafond : *la Gloire,* de Rubens.

Signé à gauche, en bas, et daté : *85.*

Toile. Haut., 45 cent.; larg., 37 cent.

76 — *Tête d'étude.*

Signé à gauche, en haut, des initiales.

Toile. Haut., 46 cent.; larg., 38 cent.

77-78 — *Projets de plafond pour un hôtel particulier.*

Toile de forme ronde.

Diam., 36 cent.

79 — *Saint Jean-Baptiste et les Juifs.*

Toile. Haut., 50 cent.; larg., 70 cent.

80 — *Jeune négresse.*

Toile. Haut., 60 cent.; larg., 50 cent.

81 — *Cheval,* d'après Rosa Bonheur.

Toile. Haut., 50 cent.; larg., 60 cent.

82 — *Tête de vieux Napolitain.*

Toile. Haut., 55 cent.; larg., 46 cent.

83 — *Enfants à la chèvre.*

Signé au dos.

Toile. Haut., 26 cent.; larg., 40 cent.

84 — *Intérieur de chapelle toscane.*

Signé à gauche, en bas, des initiales.

Toile. Haut., 40 cent.; larg., 30 cent.

85 — *La Vierge,* d'après Véronèse (musée de Venise).

Toile. Haut., 40 cent.; larg., 23 cent.

86 — *La Peinture.*

Recherche pour le plafond : *la Gloire* de Rubens.

Haut., 25 cent.; larg., 33 cent.

87 — *Intérieur d'une chapelle en Italie.*

Toile. Haut., 35 cent.; larg., 26 cent.

88 — *La Toilette de Vénus.*

Toile. Haut., 27 cent.; larg., 22 cent.

89 — *La Toilette de Vénus.*

Toile. Haut., 1 mètre ; larg., 80 cent.

90 — *Vénus désarmant l'Amour.*

Signé à droite, en bas.

Toile. Haut., 1 m. 85 ; larg., 1 m. 40.

91 — *Saint Jean-Baptiste.*

Toile. Haut., 1 m. 52; larg., 1 m. 07.

92-93 — *Étude d'homme les bras levés.*
Portrait de femme.

Deux esquisses sur une même toile.

Toile. Haut., 80 cent; larg., 65 cent.

94 — *Suzanne et les vieillards.*

Toile. Haut., 1 m. 85; larg., 1 m. 27.

Pastel, Aquarelles & Dessins

95 — *Mirage.*

Signé à gauche, en bas.
Pastel.

Haut., 92 cent.; larg., 66 cent.

96 — *Intérieur de la chapelle de Saint-François d'Assise (Assise).*

Signé à gauche, en bas.
Aquarelle.

Haut., 32 cent.; larg., 23 cent.

97 — *Intérieur de la cathédrale de Sienne (Italie).*

Signé à droite, en bas.
Aquarelle.

Haut., 22 cent.; larg., 32 cent.

98 — Un lot de dessins au crayon, à la sanguine et à la plume. Ce lot sera divisé.

www.ingramcontent.com/pod-product-compliance
Ingram Content Group UK Ltd.
Pitfield, Milton Keynes, MK11 3LW, UK
UKHW022145260726
13993UKWH00005B/2169